サンドイッチ・バー

SANDWICH BAR

坂田阿希子

東京書籍

PART

1

カクテルサンドイッチ

12〜13・14〜15	サーモンペーストサンドイッチ スモークサーモンサンドイッチ たらこペーストサンドイッチ
16〜17・18〜19	ローストビーフサンドイッチ ホースラディッシュサンドイッチ
ハムサンド3種 20〜21・22〜23	ハムとピクルスのサンドイッチ ハムと糠漬けのサンドイッチ ハムペーストサンドイッチ
24〜25・26〜27	ハムステーキサンドイッチ ハムカツサンドイッチ
28〜29・30〜31	コンビーフサンドイッチ コンビーフキャベツサンドイッチ
32〜33・34〜35	レバーペーストサンドイッチ レバーコンフィのサンドイッチ
36〜37・38〜39	豚肉のリエットサンドイッチ
40〜41・42〜43	ザワークラウトサンドイッチ クレソンサンドイッチ
野菜サンド3種 44〜45・46〜47	キャロットサンドイッチ きゅうりサンドイッチ フルーツトマトサンドイッチ
48〜49・50〜51	鯖のリエットサンドイッチ
52〜53・54〜55	かにサラダサンドイッチ 小鯛の笹漬けサンドイッチ 〆鯖サンドイッチ
変わりバターサンド3種 56〜57・60	からすみバターと焼き海苔サンドイッチ わさびバターとかまぼこ、 　　ブルーチーズサンドイッチ 梅バターとおかかサンドイッチ

4 | Introduction
8 | おいしさの基本

c o n t e n t s

＊計量単位は、1カップ=200㎖、大さじ1=15㎖、
　小さじ1=5㎖です。
＊ガスコンロの火加減は、特にことわりのない場合
　は中火です。
＊オーブンの温度や焼き時間は目安です。機種に
　よって違いがあるので加減してください。
＊オリーブオイルは、エキストラバージンオリーブ
　オイルを使います。
＊塩、粗塩は自然塩を使います。

チーズサンド3種 58〜59・61	シンプルチーズサンドイッチ 干し柿チーズサンドイッチ グリルドチーズトースト
フルーツサンド3種 62〜63・64〜65	メロンのサンドイッチ 白桃のサンドイッチ いちじくのサンドイッチ
卵サンド4種 66〜69・70〜71	オムレツサンドイッチ タルタル卵サンドイッチ ゆで卵のソースマリネサンドイッチ こわし卵のサンドイッチ
ポテトサンド4種 72〜75・76〜79	マッシュポテトのオープンサンドイッチ シンプルポテトサラダのサンドイッチ じゃがいもガレットのサンドイッチ 薄切りポテトのサンドイッチ

PART

2

ボリュームサンドイッチ

82〜83・84	ビーフステーキサンドイッチ
86〜87・88	ポークカツレツサンドイッチ
定番サンド2種 90〜93・94〜95	ハンバーグサンドイッチ クラブハウスサンドイッチ
96〜97・98	ローストポークのサンドイッチ
100〜101・102	パテ・ド・カンパーニュのサンドイッチ
104〜105・106	えびフライサンドイッチ
108〜109・112	かきのブルゴーニュバタートースト
110〜111・113	マッシュルームピザトースト
114〜115・116	かにグラタントースト
118〜119・120	小さいクロックムッシュ
122〜123・124	コテージパイのクロック

introduction

もしも私が小さなバーを開くとしたら、料理はすべてサンドイッチにしたい。

パンは、シンプルな白い食パンかライ麦入りの食パン。時にはカンパーニュやハード系のパンで、ひとつひとつのお酒に合わせたメニューを考える。またはサンドイッチに合わせてお酒を選んでもらう。

パンはトーストするのかしないのか、パンの耳は落とすのか落とさないのか、バターには何を混ぜるのか、具材は何を組み合わせて、アクセントには何をもってくる？　考えるとキリがない。

薄い食パンで緻密に組み合わせたサンドイッチをキリッと小さく切り揃えて、一口頬張ってお酒を流し込む。鼻から抜ける香りはどうだろう。口の中の味わいはどうなるだろう。そんなことを考えてサンドイッチを作るのが大好きだ。

たとえばハムサンド。もしもウイスキーに合わせるとしたら、パンはライ麦にしてトーストしよう。ハムはスモークの効いた少々厚めのものにしてフライパンでしっかりと両面を焼く。辛子の効いたバターもいいし、粒マスタードもいいかもしれない。隠し味にウスターソースとウイスキーを少々加えたマヨネーズを薄くぬって、ああ、これはハムカツにしてもいいな。もしも白ワインに合わせるならば、ディジョンマスタードを混ぜたバターにして、トーストしない白い食パンにする。ハムときゅうりのピクルスを合わせて、ピクルスは少々甘めのものがいい。耳を落として小さく切り分ける。

お酒の種類も小宇宙のように限りないけれど、サンドイッチも考えれば考えるほどに広がる宇宙。その組み合わせは果てしない。そのマリアージュを考えることはとても楽しいことだ。

撮影中のある日、カウンター席にみんなが座ってこれとあれを組み合わせて、なんてリクエストをもらってサンドイッチを作った。まるでお寿司屋さんの細巻きを作るように、きゅうりの糠漬けとハム、小鯛の笹漬けとすぐき漬け、キャロットラペやコンビーフとキャベツ。切り分けてホイッとカウンターから出すと、それをみんながすぐに頬張る。好みのお酒を飲んで、わあわあと喜んでいる。一口で味わえるサンドイッチは、まさに最高に楽しいお酒の「アテ」と言えるのではないだろうか。

あまり難しく考えることはないけれど、サンドイッチだからこそできる「仕掛け」というものがある。SANDWICH BARの魅力はそこにある。

introduction

サンドイッチを作るとき、私はいつも気持ちのいい緊張感に包まれる。

食べたときの食感や味の構造、アクセントになるような風味や香り。そしてなんといってもストンと切り分けたときの切り口の凛とした佇まいを考える。とにかく丹精込めて作るのだ。

パパッと朝食やランチに、気軽に作るサンドイッチというのもいいが、私はサンドイッチこそ、緊張感を高めて緻密な構造で作るべき料理ではないかと考えている。

だからこそ、とっておきのお酒に合わせて、ゆったりとした大切な夜の時間に合わせて作ってみてはどうだろうか。一日の疲れを癒やすような時間に、小さく切り分けたサンドイッチをつまむ。そんな時間にぴったり合うようなサンドイッチの本をいつか作りたいとずっと思っていた。

合わせるお酒はもちろんお好みで楽しんでもらえばいいのだが、なんとなくの私なりのルールを紹介しよう。

たとえば魚介類を使ったものなら、キリッとした辛口の白ワインがとても合うし、それをフライにしてマヨネーズやウスターソースが加われば、モルトの香りが効いたウイスキーを合わせるのもよし。フィッシュアンドチップスがあるくらいだもの、ギネスビールももちろん合いそう。

シュニッツェルのような薄いカツレツには、お国柄に合うモーゼルワイン。サワークリームとサーモンやタラモときたら、やっぱり清涼な生産地のワインが合うように思うし、じゃがいものサンドイッチなら、ウオッカもよさそうだ。

料理とお酒を楽しむときのように、肉のパテやステーキサンドなら、ちょっと重めの赤ワインが飲みたくなるし、フルーツサンドならシャンパーニュを合わせたい。チーズのサンドイッチには、そのチーズの生産地のワインならたぶんピタリとくるように思う。

頭を悩ませる必要はない。その日に飲みたいお酒を選んで、それに合わせてサンドイッチを考えるだけ。

ただ、少しの緊張感をもって、キリッとした佇まいのサンドイッチを作ろう。それだけでサンドイッチの完成度はまったく違ってくる。

端正に作られたサンドイッチの味わいについては、もちろん言うまでもない。

おいしさの基本

パンにぬるもの──バターとマヨネーズ

a｜バター
バターは食塩不使用のものを。室温でやわらかくしておくのが基本。

b｜辛子バター（基本）
バター（食塩不使用）40〜50g＋マスタード（コールマンズ）小さじ2

c｜辛子バター（ディジョン）
バター（食塩不使用）40g＋マスタード（ディジョン）大さじ1

d｜にんにくバター
バター（食塩不使用）40g、にんにくの薄切り1片分をフライパンでゆっくりと加熱し、にんにくがこんがりして香りが立ったらにんにくを取り出す。冷めたらかたまる。

e｜タイムバター
バター（食塩不使用）50g＋タイム1g

f｜レモンバター
バター（食塩不使用）30g＋レモン果汁小さじ½＋レモンの皮のすりおろし1個分

g｜キャラウェイバター
バター（食塩不使用）30g＋炒ったキャラウェイシード3g

h｜セージバター
バター（食塩不使用）50g＋セージのみじん切り6g＋レモンの皮のすりおろし少々

i｜からすみバター
バター（食塩不使用）50g＋からすみのすりおろし15g

j｜わさびバター
バター（食塩不使用）50g＋生わさびのすりおろし小さじ1

k｜山椒バター
バター（食塩不使用）30g＋粉山椒小さじ½

l｜梅バター
バター（食塩不使用）30g＋刻んだ梅肉大1個分

m｜マヨネーズ
好みのものを用意。自家製マヨネーズもおすすめ。

n｜辛子マヨネーズ
①マヨネーズ大さじ4＋マスタード（コールマンズ）大さじ1
②マヨネーズ大さじ3＋マスタード（ディジョン）小さじ2
※ディジョン粒マスタードを使う場合も同じ。

o｜カレーマヨネーズ
マヨネーズ大さじ2＋カレー粉小さじ1

p｜ごまマヨネーズ
マヨネーズ大さじ2＋白すりごま小さじ2

フィリングをはさむ前に、まずはパンにバターやマヨネーズをぬるのが基本。フィリングの水分や油分がパンにしみ込むのを防ぐコーティングの効果があったり、パンを湿らすことなく、パンとフィリングをくっつける接着剤の役目もあります。また、バターやマヨネーズにプラスαすることで、風味がついておいしくなります。

使うマスタードは…

コールマンズ
イギリスの代表的マスタードで、鼻に抜けるツンとした辛みとコクが特徴。日本の辛子のようなタイプ。

ディジョン
フランスのマスタード。ツンとした辛さがなく、甘酸っぱい酸味とまろやかな味わいが特徴。粒マスタードを使うときもディジョンを。

自家製マヨネーズ

手作りのマヨネーズは市販のものよりツンとした酸っぱさがなく、やさしい味わいで、いつ食べても飽きないおいしさ。サラダなどにも使い回せます。

材料　作りやすい分量
卵黄　2個分
マスタード（ディジョン）
　　　小さじ2
酢　20㎖
塩　小さじ1/3
米油またはサラダ油　500㎖
オリーブオイル　大さじ2〜3
砂糖　大さじ1
レモンの搾り汁　大さじ1
白こしょう　少々

1　ボウルに卵黄、マスタードを入れて泡立て器で混ぜる。

2　塩、砂糖を分量より少なめに加えてさらに混ぜ、酢を加えて混ぜ合わせる。

3　サラダ油を少しずつ細くたらしながら加え、ハンドミキサーで混ぜて乳化させていく。続いてオリーブオイルも加えて混ぜる。

4　かたくなってきたなと思ったら湯大さじ1（分量外）を加える。これを繰り返す。湯を入れるとふんわりとしたマヨネーズになる。

5　味をみて砂糖、塩を足し、レモンの搾り汁、こしょうで味を調える。

6　保存瓶に入れる。冷蔵庫で2〜3週間保存可。

パンの扱い方

極上のサンドイッチにするには、フィリングのおいしさや組み合わせ方だけでなく、パンの扱い方にもちょっとしたコツがあります。知っているのと知らないのでは、仕上がりに雲泥の差が出ます。

ぬり方、のせ方

バターやマヨネーズをはじめ、ソースやペーストなども、パンの縁まできっちりとぬるのがおいしさの基本。フィリングも同様、なるべく端までのせること。きゅうり、ハム、チーズなどはパンのサイズに合わせて切り揃え、平らになるようにきれいに並べます。これでパンの端を残す人もいなくなります。

パンは耳つきを使う

端までフィリングをのせるためには、パンは耳つきのものを使うのがベスト。バター、フィリングともにパンの端ギリギリまでのせ、そのあと耳を切れば、どこを食べても均一においしく、最後まで無理なく食べきれます。どの厚さのパンでも耳つきをおすすめします。

パンを焼くとき

パンは「焼かない」「両面焼く」「片面焼く」の3通り。フィリングや好みによって使い分けます。両面焼く場合は、オーブントースターまたは昔ながらのポップアップトースターで焼きます。片面焼く場合はパンを2枚重ねてオーブントースターで焼きます。上面と下面だけがカリッとなり、重ね合わせた中面は焼けずにしっとりのまま。サクッとした食感とふんわりした食感が楽しめます。

パンの耳を切るとき

きれいに切るための基本は、底面から耳を切り落としていくこと。
上面や側面は焼き加減などによって多少形が違っていたりしますが、型の底にあった面は凹凸がなく、これを見本に切っていくときれいな四角形になります。
※前提として、パンの上下（底面と上面）をそろえて2枚1組にし、フィリングをサンドしてください。

1　パンの底面を右側にしておく。

2　底面の耳を切り落とす。

3　切り落とした面が下になるようにおき、右側の耳を切り落とす。

4　3で切り落とした面が下になるようにおき、右側の耳を切り落とす。

5　4で切り落とした面が下になるようにおき、残りの耳を切り落とす。

PART

1

カクテルサンドイッチ

カナッペほど軽くはなく、かといってお腹を満たす食事でもなく、ウイスキーをちょっと1杯飲みながら楽しみたいのがカクテルサンドイッチ。片手でつまめるサイズ、くずれにくいフィリング、ウイスキーのおいしさを壊さないような香りと口当たりのよさ、オードブルとしても満足できる味わい……、すべてのバランスを考えて丁寧に仕上げます。

サーモンペーストサンドイッチ ▶ A
スモークサーモンサンドイッチ ▶ B
たらこペーストサンドイッチ ▶ C

作り方　p.14・15

スモークサーモン、たらこは、レモンと組み合わせると味が立って美味。
レモンの爽やかな香りを効かせたレモンバターを使ったり、
レモンの酸味を生かしたサーモンペーストに仕立てたり……と、
ちょっとした工夫でオリジナリティを出します。食パンは白と黒を使用。
黒はできればキャラウェイシード入りのものを選びます。

サーモンペーストサンドイッチ

材料 2組分

▶サーモンペースト
　スモークサーモン　60g
　カッテージチーズ（裏漉しタイプ）　100g
　レモン果汁　小さじ1
　オリーブオイル　大さじ1
ディル　2〜3枝
食パン（12枚切り・
　キャラウェイシード入り黒）　4枚
バター（食塩不使用）　30g
イクラ　少々

1　サーモンペーストを作る。スモークサーモン、カッテージチーズ、レモン果汁、オリーブオイルを加え、フードプロセッサーでなめらかになるまで撹拌する。
2　パンは2枚1組にし、片面にバターをぬる。1枚にサーモンペーストをぬり（a）、ディルをちぎって散らし（b）、もう1枚でサンドする。
3　ラップで包んで冷蔵庫で30分ほど寝かせる。
4　耳を切り落として一口大に切り分け、イクラ、ちぎったディルを添える。

スモークサーモンサンドイッチ

材料　2組分
スモークサーモン　60g
きゅうり　1本
白ワインビネガー　小さじ1〜2
サワークリーム　40g
食パン（12枚切り）　4枚
食パン（12枚切り・黒）　2枚
レモンバター（p.8参照）　全量の1.5倍

1　スモークサーモンは食べやすい長さに切る。きゅうりはパンの幅に合わせて切り、縦薄切りにする。バットに入れ、白ワインビネガーをふりかける。
2　パンは白2枚、黒1枚の3枚1組にし、それぞれ片面にレモンバターをぬる（a）。
3　白パン1枚にスモークサーモンを並べ（b）、黒パンをレモンバターをぬった面を下にして重ねる。
4　サワークリームをぬり、きゅうりを少しずらしながら並べる（c）。
5　残りの白パンをレモンバターをぬった面を下にしてサンドする。
6　ラップで包んで冷蔵庫で15分ほど寝かせる。
7　耳を切り落とし、一口大に切り分ける。

たらこペーストサンドイッチ

材料　2組分
▶たらこペースト
　たらこ　1腹
　レモン果汁　小さじ1
　レモンの皮（すりおろす）　½個分
　サワークリーム　40g
　粗びき黒こしょう　少々
ケイパー　適量
食パン（12枚切り・黒）　4枚
バター（食塩不使用）　30g

1　たらこペーストを作る。たらこは薄皮を取り除いてボウルに入れ、レモン果汁、レモンの皮、サワークリーム、こしょうを加えて混ぜ合わせる。
2　パンは2枚1組にし、片面にバターをぬる。1枚にたらこペーストをぬり、対角線上にケイパーを並べ（a）、もう1枚でサンドする。
3　ラップで包んで冷蔵庫で30分ほど寝かせる。
4　耳を切り落とし、ケイパーを並べた対角線上に包丁を入れ（b）、切り分ける。

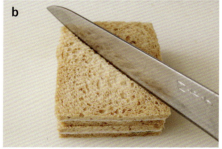

ローストビーフサンドイッチ ▶A
ホースラディッシュサンドイッチ ▶B

作り方 p.18・19

薄切りのローストビーフ、レモンバター、ベアルネーズソースの
取り合わせが絶妙。やわらかな食パンでサンドして
一口サイズに切り分けると、極上のカクテルサンドになります。
爽やかな辛みが身上のホースラディッシュは単体でサンドイッチにし、
ローストビーフサンドイッチの箸休めとして添えます。

ローストビーフサンドイッチ

材料　2組分

ローストビーフ（薄切り）　80g
レモンバター（p.8参照）　全量
▶ベアルネーズソース（作りやすい分量）
　卵黄　1個分
　マスタード（ディジョン）　小さじ1
　マヨネーズ（p.8参照）　大さじ4
　ウスターソース　小さじ½
　黒こしょう　少々
食パン（12枚切り）　4枚
ケイパーベリー　適量
粗びき黒こしょう　適量

1　ベアルネーズソースを作る。ボウルに卵黄、マスタード、マヨネーズ、ウスターソース、こしょうを入れ（a）、泡立て器でよく混ぜる（b）。
2　パンは2枚1組にし、片面にレモンバターをぬる（c）。1枚にローストビーフをパンのサイズに合わせて切ってのせ、ベアルネーズソースをぬり（d）、もう1枚でサンドする。
3　軽く手で押さえ、冷蔵庫で10分ほど落ち着かせ、耳を切り落として切り分ける。
4　器に盛り、ケイパーベリーを添え、粗びき黒こしょうをふる。

ホースラディッシュサンドイッチ

材料　2組分
ホースラディッシュ　10〜20g
サワークリーム　適量
食パン(12枚切り・黒)　4枚
マヨネーズ(p.8参照)　適量
結晶塩　ごく少々

1. ホースラディッシュはすりおろす部分の皮をむく。
2. パンは2枚1組にし、片面にサワークリームをぬり、1枚にはマヨネーズを重ねてぬる(a)。
3. ホースラディッシュをすりおろしながら多めにのせ(b・c)、もう1枚でサンドする。
4. ラップで包んで冷蔵庫で10分ほど寝かせる。
5. 耳を切り落として一口大に切り分け、ローストビーフサンドイッチに添えて結晶塩をふる。

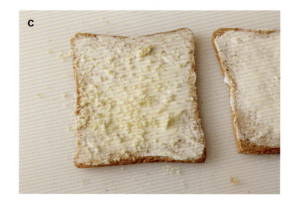

ハムサンド3種

ハムとピクルスのサンドイッチ ▶A
ハムと糠漬けのサンドイッチ ▶B　　作り方　p.22・23
ハムペーストサンドイッチ ▶C

定番のハムサンドをカクテルサンドに仕立てるポイントは、
薄切り食パンを使って口当たりよく、
お酒の邪魔をしない程度のシンプルなものに仕上げること、
香りや食感などでアクセントをつけること。
ここでは、ボンレスハム、ロースハム両方のおいしさを楽しみます。

ハムとピクルスのサンドイッチ

材料　2組分
ボンレスハム（5mm厚さ）　2〜3枚
きゅうりのピクルス　40g
食パン（10枚切り）　4枚
辛子バター（p.8参照）　適量
レモン（くし形切り）　1切れ

1　ピクルスは縦にごく薄切りにし、水気を拭く。
2　パンは2枚1組にし、片面に辛子バターをぬる（a）。
3　1枚にハムを重ねてのせ、1のピクルスを隙間なく並べ（b）、もう1枚でサンドする。
4　軽く手で押さえて落ち着かせ、耳を切り落として切り分ける。レモンを添える。

a

b

ハムと糠漬けのサンドイッチ

材料　2組分
ロースハム（5mm厚さ）　2枚
きゅうりの糠漬け　½〜1本
わさび漬け　小さじ2
マヨネーズ（p.8参照）　大さじ2
食パン（10枚切り）　4枚
バター（食塩不使用）　30g

1　きゅうりの糠漬けは斜めにごく薄切りにし、水気を拭く（a）。
2　ボウルにわさび漬けとマヨネーズを入れて混ぜ合わせる。
3　パンは2枚1組にし、片面にバターをぬり、1枚にはハムをのせ、もう1枚にはわさび漬け入りマヨネーズをぬる（b）。
4　ハムの上にきゅうりの糠漬けを少しずらしながらのせ、わさび漬け入りマヨネーズをぬったパンでサンドする。
5　ラップで包んで冷蔵庫で10分寝かせる。
6　耳を切り落として一口大に切り分ける。

a

b

ハムペーストサンドイッチ

材料　2組分
- ▶ハムペースト
  - ボンレスハム　120g
  - カッテージチーズ（裏漉しタイプ）　100g
  - レモン果汁　少々
  - 塩、白こしょう　各少々
- セルフィーユ　適量
- 食パン（10枚切り・黒）　4枚
- バター（食塩不使用）　適量
- コルニション　1本

1. ハムペーストを作る。ハムは適当な大きさに切ってフードプロセッサーに入れ、カッテージチーズの半量を加える（a）。撹拌し、残りのチーズを少しずつ加えてなめらかにし（b）、レモン果汁、塩、こしょうで味を調える。
2. パンは2枚1組にし、片面にバターをぬる。1枚にハムペーストをたっぷりとぬり、セルフィーユをちぎって散らし（c）、もう1枚でサンドする。
3. ラップで包んで冷蔵庫で15分ほど寝かせる。
4. 耳を切り落として一口大に切り分け、コルニションを添える。

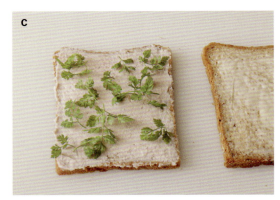

ハムステーキサンドイッチ ▶A
ハムカツサンドイッチ ▶B
作り方　p.26・27

薄切りハムの一口サンドとはまったく別のおいしさが味わえるのが
加熱したハムで作るボリュームサンド。
オリーブオイルでカリッと焼いたステーキは、ハニーマスタードと
パイナップルでジューシーに。
ラードを使ってサクッと揚げたハムカツは、レタスの外葉と取り合わせます。

ハムステーキサンドイッチ

材料　1組分
ロースハム（1cm厚さ）　1枚
オリーブオイル　適量
パイナップル（薄切り）　1枚
塩　少々
粗びき黒こしょう　適量
▶ハニーマスタードソース
　マスタード（ディジョン）　大さじ3
　カイエンペッパー　少々
　はちみつ　大さじ1
山型食パン（8枚切り）　2枚
バター（食塩不使用）　適量

1　ハニーマスタードソースを作る。ボウルにディジョンマスタード、カイエンペッパー、はちみつを入れ（a）、泡立て器でよく混ぜる（b）。
2　パンは2枚重ねて軽くトーストし、片面にバターをぬる。
3　フライパンにオリーブオイルを熱し、ロースハムを入れて両面しっかりと焼き、軽く塩をふる。途中、パイナップルも入れて焼き色がつくまで一緒に焼く（c）。
4　パン1枚にハム、パイナップルの順にのせ、粗びき黒こしょうをふる。もう1枚にはハニーマスタードソースをぬり（d）、サンドする（e）。
5　軽く手で押さえて落ち着かせ、楊枝を刺して4等分に切り分ける。

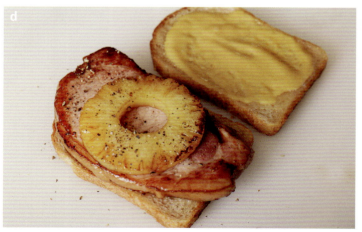

ハムカツサンドイッチ

材料　2組分
ボンレスハム（5mm厚さ）　3〜4枚
白こしょう　適量
小麦粉、溶き卵、パン粉　各適量
レタス（外葉）　2〜3枚
揚げ油（米油2：ラード1の割合）　適量
ウスターソース　適量
食パン（8枚切り）　4枚
辛子バター（p.8参照）　適量

1 ハムは2枚重ねにし（a）、こしょうをふり、小麦粉、溶き卵を2回繰り返してつけ、パン粉をたっぷりとまぶしつける（b・c）。
2 レタスはごく細いせん切りにして水にさらし、しっかりと水気をきる。
3 パンは2枚1組にして耳を切り落としてトーストし、片面に辛子バターをぬり、1枚にレタスを広げてのせておく。
4 揚げ油を180℃に熱し、**1**を入れてきつね色になるまで揚げる。
5 揚げたてを**3**のレタスの上にのせ、ウスターソースをさっとかけ（d）、もう1枚でサンドする（e）。
6 楊枝を刺して、すぐに切り分ける。

コンビーフサンドイッチ ▶ A
コンビーフキャベツサンドイッチ ▶ B

作り方　p.30・31

ハムと並んでサンドイッチによく用いるのがコンビーフ。
まずはおいしいコンビーフを入手することが大事。
そして、お酒に合わせてしっかりめの味にまとめることがポイント。
パンをトーストしない場合は、スパイスやハーブを効かせて仕上げ、
パンをトーストにする場合はキャベツと炒めてソースで味つけします。

コンビーフサンドイッチ

材料　2組分

コンビーフ　70g
ディル　適量
カレーマヨネーズ（p.8参照）　適量
食パン（10枚切り・ライ麦）　4枚
辛子バター（p.8参照）　適量
コルニション　適量

1　コンビーフはほぐす。ディルは葉先の部分を摘む。
2　パンは2枚1組にし、片面に辛子バターをぬり、さらにカレーマヨネーズをのせ、端まで広げながらぬる（a・b）。
3　1枚にコンビーフとディルを広げてのせ（c）、もう1枚でサンドする。
4　ラップで包んで冷蔵庫で20分ほど寝かせる。
5　耳を切り落として切り分け、コルニションを添える。

コンビーフキャベツサンドイッチ

材料　2組分

コンビーフ　100g
キャベツ　200g
オリーブオイル　小さじ2
キャラウェイシード　小さじ2
塩、黒こしょう　各少々
リーペリンソース　小さじ1
山型食パン（10枚切り・ライ麦）　4枚
辛子バター（p.8参照）　適量

1 コンビーフはほぐす。キャベツはせん切りにする。
2 パンはトーストし、2枚1組にし、片面に辛子バターをぬる。
3 フライパンにオリーブオイルを熱してキャラウェイシードを炒め、香りが出たらコンビーフを加えて炒め、リーペリンソースを加え（a）、味をなじませる。
4 キャベツを加え、炒め合わせる（b・c）。キャベツがしんなりしてなじんだら、塩、こしょうで味を調える。
5 4が熱々のうちにパンにのせ、もう1枚でサンドする。
6 軽く手で押さえて落ち着かせ、楊枝を刺して切り分ける。

レバーペーストサンドイッチ ▶A
レバーコンフィのサンドイッチ ▶B

作り方　p.34・35

レバーペースト、レバーコンフィともに口当たりがよく、
いつもは薄切りバゲットにのせてオードブルにしますが、
ここでは、コルニションや奈良漬けと組み合わせてサンドイッチに。
保存瓶に入れて冷蔵庫に入れれば、ペーストは10日ほど、
コンフィはラードに覆われた状態にすると1ヶ月ほど保存できます。

レバーペーストサンドイッチ

材料　2組分
▶レバーペースト（作りやすい分量）
　鶏レバー　300g
　にんにく　1片
　玉ねぎ　¼個
　オリーブオイル　大さじ1
　ローリエ　1枚
　タイム　2枝
　ブランデー　大さじ2
　バター（食塩不使用。室温に戻す）　150g
　生クリーム　大さじ2
　ポルト酒　大さじ1
　塩　小さじ½〜1
　白こしょう　少々
食パン（12枚切り・
　キャラウェイシード入り黒）　4枚
コルニション　適量
粗びき黒こしょう　適量

1　レバーペーストを作る。レバーは氷水につけながら、筋や血のかたまりなどを取り除く。にんにくはつぶす。玉ねぎは薄切りにする。
2　フライパンにオリーブオイルとにんにくを入れて弱火で温め、香りが出てきたら玉ねぎを加え、しんなりとするまでよく炒める。
3　水気を拭き取ったレバー、ローリエ、タイムも加え、強火でレバーの色が変わるまで炒める（a）。
4　ブランデー大さじ1を加え、水気がなくなるまで煮詰める。バットに移して粗熱を取る（b）。
5　4をフードプロセッサーに入れ、バターの半量を加えて撹拌し、残りのバターとブランデー大さじ1、生クリーム、ポルト酒、塩、こしょうを加え（c）、さらに撹拌してペースト状にする。1回漉して、さらになめらかにする（d）。
6　瓶に詰めて3時間以上寝かせる。
7　パンは2枚1組にし、片面にレバーペーストを厚めにぬり、コルニションを薄切りにして並べ、もう1枚でサンドする。
8　ラップで包んで冷蔵庫で20分ほど寝かせる。
9　耳を切り落として切り分ける。器に盛って粗びき黒こしょうをふる。

レバーコンフィのサンドイッチ

材料　2組分

▶レバーコンフィ（作りやすい分量）
鶏レバー　500g
塩　小さじ1½
ローリエ　5〜6枚
タイム　2枝
黒こしょう　少々
ラード　500g
サラダ油　200mℓ

食パン（10枚切り）　4枚
バター（食塩不使用）　適量
奈良漬け　30g

1 レバーコンフィを作る。レバーは氷水につけながら、筋や血のかたまりなどを取り除く。水気をきれいに拭き、塩、ローリエ、タイム、こしょうをまぶして冷蔵庫で一晩おく（a）。
2 1を鍋に移し、ラード、サラダ油を加え（b）、鍋ごと天板にのせ、110℃のオーブンで2時間ほど加熱する（c）。
3 鍋ごと、または瓶に詰めて冷まし、ラードに覆われた状態で保存する。
4 パンは2枚1組にし、片面にバターをぬる。薄切りにしたコンフィ、奈良漬けをのせ（d）、もう1枚でサンドする。
5 耳を切り落として切り分ける。

豚肉のリエットサンドイッチ | 作り方　p.38・39

バラ肉を白ワインでじっくり煮込んで作るリエットは
肉のうまみがたっぷり。塩味もほどよく効いていて
サンドイッチのフィリングにもぴったりです。
手作りならではのおいしさをストレートに楽しみたいから、
パンはカンパーニュ。タイムバターでちょっと洒落っ気を出します。

豚肉のリエットサンドイッチ

材料 2組分

▶豚肉のリエット（作りやすい分量）
　豚バラ肉　450g
　豚肉下味用
　　塩　小さじ1
　ベーコン（かたまり）　100g
　玉ねぎ　½個
　にんにく　1片
　セロリ　½本
　白ワイン　½カップ
　水　½カップ
　黒粒こしょう　5〜6粒
　タイム　3〜4枝
　ローリエ　1枚
　塩　小さじ2
　白こしょう　適量
　オリーブオイル　大さじ2
パン・ド・カンパーニュ　1cm厚さ4枚
タイムバター（p.8参照）　25g
粗びき黒こしょう　適量
コルニション　適量

1　リエットを作る。豚肉は1〜2cm厚さに切ってボウルに入れ、塩をもみこむ（a）。ベーコンは1cm幅に切り、玉ねぎ、にんにく、セロリはみじん切りにする。

2　フライパンにオリーブオイルを熱し、豚肉とベーコンを入れて色づかない程度に軽く焼く。

3　玉ねぎ、にんにく、セロリを加えて炒め、白ワインを加えて煮詰める。

4　水、黒粒こしょう、タイム、ローリエを加えてふたをし、弱火で1時間ほど煮る（b）。

5　ふたを取り、さらに30分ほど、肉がぐずぐずにやわらかくなるまで煮る。粗熱が取れたら冷蔵庫で1時間ほどおく（c）。

6　フードプロセッサーに豚肉、半量の煮汁、塩、こしょうを入れて撹拌する（d・e）。

7　パンは2枚1組にし、片面にタイムバターをぬり（f）、リエットをたっぷりとのせて粗びき黒こしょうをふり、もう1枚でサンドする。

8　切り分けて器に盛り、コルニションを添える。

ザワークラウトサンドイッチ ▶A
クレソンサンドイッチ ▶B

作り方 p.42・43

野菜サンドのバリエーションは無限大ですが、ここで紹介するのは
ガルニチュールまたは野菜料理としてのサンドイッチ。
自家製のザワークラウト、山盛りのクレソンサラダを
カリッと香ばしく焼いたパンと組み合わせます。
p.24〜39のサンドイッチとともに食べるのもおすすめです。

ザワークラウトサンドイッチ

材料　2組分

▶ザワークラウト（作りやすい分量）
　キャベツ　1個
　塩　キャベツの重さの2%くらい
　ローリエ　4枚
　ジュニパーベリー　10粒くらい
　塩水（塩分3%）　ひたひた
グリュイエールチーズ　80g
山型食パン（8枚切り・ライ麦）　4枚
辛子バター（p.8参照）　適量

1. ザワークラウトを作る。キャベツはせん切りにしてボウルに入れ、塩をふって混ぜる。水気が出てキャベツがしんなりしたら、手でしっかりと絞る（a）。
2. 大きめの保存瓶に入れ、ローリエ、ジュニパーベリーを加える（b）。キャベツが発酵すると膨張するので、瓶の上まで入れない。
3. 塩水をひたひたまで注ぎ入れ、（c）、落としラップをする（d）。
4. 発酵してきてもいいようにバットにのせ、発酵が少し落ち着いたらふたをする。食べてみて、好みの酸味になったら冷蔵庫に入れる。保存は冷蔵庫で3週間〜1ヶ月。
5. パンは2枚1組にし、片面に辛子バターをぬり、1枚にはザワークラウト100gをのせ、もう1枚にはグリュイエールチーズをのせる（e）。
6. 2枚並べてオーブントースターで焼き、チーズが溶けてきたら取り出し、両手でフィリング同士を合わせてギュッと押さえる。
7. 楊枝を刺して切り分ける。

クレソンサンドイッチ

材料　2組分
- ▶クレソンサラダ
  - クレソン　2束
  - クルミ（ローストして皮をむく）　20g
  - オリーブオイル　小さじ2〜3
  - 塩、黒こしょう　各適量
  - 赤ワインビネガー　小さじ1
- ▶にんにくバター
  - にんにく　1片
  - バター（食塩不使用）　40g
- 山型食パン（8枚切り・ライ麦）　4枚
- 辛子バター（p.8参照）　適量

1. にんにくバターを作る。にんにくは薄切りにし、バターとともにフライパンに入れて弱火にかけ、ゆっくりと熱する。にんにくがこんがりとして香りが立ったら火を止め（a）、にんにくを取り除く。これがこのサンドイッチの要。
2. クレソンサラダを作る。クレソンは洗ってしっかりと水気を拭き、葉を摘む。茎の部分は小口切りにする。
3. クルミは粗く刻む。
4. 1をボウルに入れ、オリーブオイル、塩、こしょう、赤ワインビネガーの順に加えてざっとあえ、クルミを加えてざっくりとあえる。
5. パンは2枚1組にし、片面ににんにくバターをぬる。1枚にクレソンサラダを山盛りのせ（b）、もう1枚でサンドする。
6. 軽く手で押さえて落ち着かせ、楊枝を刺して切り分ける。

野菜サンド3種

キャロットサンドイッチ ▶ A
きゅうりサンドイッチ ▶ B
フルーツトマトサンドイッチ ▶ C

作り方　p.46・47

野菜サンドは野菜1種類だけで作るのが好き。
その野菜の色、香り、食感、そして食べやすさを考えて
切り方や組み合わせを決めるのが楽しいんです。
野菜の繊細なおいしさを生かしたいから、
パンはやわらかな薄切り食パンを使います。

キャロットサンドイッチ

材料　2組分

▶キャロットラペ
にんじん　2本
マスタード（ディジョン）　小さじ1
塩　小さじ½
白こしょう　少々
赤ワインビネガー　小さじ2
オリーブオイル　大さじ2
クルミオイル（あれば）　大さじ1
砂糖　小さじ⅓

食パン（12枚切り）　4枚
キャラウェイバター（p.8参照）　30g

1　キャロットラペを作る。にんじんは細めのせん切りにし（a）、ボウルに入れて塩小さじ⅓（分量外）をふって混ぜ、水気が出るまでおく。

2　別のボウルにマスタード、塩、こしょう、赤ワインビネガーを入れ、塩が溶けるまでしっかりと混ぜる。オリーブオイルを加えて乳化させ、最後にクルミオイルを香りづけに加え、砂糖で味を調える（b）。

3　にんじんの水気を軽めに絞り、2のボウルに加えて手でよくあえる。

4　パンは2枚1組にし、片面にキャラウェイバターをぬる。3をのせ、もう1枚でサンドする。

5　ラップで包んで冷蔵庫で10分ほど寝かせ、耳を切り落として一口大に切り分ける。

きゅうりサンドイッチ

材料 2組分
きゅうり 2本
白ワインビネガー　小さじ2
食パン（12枚切り・
　キャラウェイシード入り黒）　4枚
辛子バター（p.8参照）　30g
マヨネーズ（p.8参照）　適量
結晶塩、ディル　各少々

1 きゅうりはパンの長さに合わせて切り、縦にごく薄切りにする。バットに少しずつずらして並べ、白ワインビネガーをかけ（a）、5分ほどおく。その後、ペーパータオルで水気を取る。
2 パンは2枚1組にし、片面に辛子バターをぬり、1枚にはさらにマヨネーズをぬり重ねる。
3 マヨネーズをぬったパンにきゅうりを少しずつずらして重ね、ぴっちりと並べ（b）、もう1枚でサンドする。
4 上から少し手で押さえるようにし、ラップでぴっちりと包んで冷蔵庫で10分ほど寝かせる。耳を切り落として一口大に切り分け、器に盛って結晶塩をふり、ディルを添える。

フルーツトマトサンドイッチ

材料 2組分
フルーツトマト　小4個
塩昆布　2g
食パン（12枚切り）　4枚
バター（食塩不使用）　30g
粗塩　少々
マヨネーズ（p.8参照）　少々

1 トマトはヘタの部分を切り落とし、横1〜2mm厚さに切り、ペーパータオルの上にのせて自然に汁気をきる。
2 塩昆布は小さく刻む。
3 パンは2枚1組にし、片面にバターを厚めにぬる。1枚にトマトを少しずつずらしてぎっしりと並べ、塩昆布をのせ（a）、もう1枚でサンドする。
4 ラップで包んで冷蔵庫で10分ほど寝かせ、耳を切り落として切り分ける。器に盛り、粗塩をふり、マヨネーズをのせる。

鯖のリエットサンドイッチ | 作り方 p.50・51

豚肉のリエット（p.36参照）と同様、パンと相性がいいのが鯖のリエット。
塩をした鯖をにんにくオイルで香ばしく焼き、
白ワインで煮てうまみを出し、バターを加えてペーストにします。
舞たけやマッシュルームなどのきのこを加えるのが、おいしさの秘密。
ディルも不可欠。サンドイッチの完成度が上がります。

鯖のリエットサンドイッチ

材料　2組分

▶鯖のリエット
　鯖（切り身）　2切れ
　にんにく　1片
　舞たけ　200g
　オリーブオイル　大さじ4
　白ワイン　¼カップ
　水　¾カップ
　塩、粗びき黒こしょう　各適量
　バター（食塩不使用。室温に戻す）　70g
ディル　½パック
ライ麦パン（12枚切り）　4枚
ピンクペッパー　少々

1　リエットを作る。鯖は両面に塩をしっかりめにふる。にんにくはつぶす。舞たけは小房に分ける。
2　フライパンにオリーブオイル大さじ2とにんにくを入れ、弱火にかけてゆっくりと熱し（a）、香りが出てにんにくがやわらかくなったらにんにくを取り出す。
3　2のフライパンに鯖の皮目を下にして入れ、焼き色がついたら裏返し（b）、両面しっかりと焼く。いったん取り出す。
4　3のフライパンにオリーブオイル大さじ2を足して強火にし、舞たけを入れて炒める。焼き色がついてしっとりとしてきたら、鯖を戻し入れる。
5　白ワインを加えて強火で煮詰め（c）、水を注ぎ入れ、木ベラで軽く鯖の身をくずすようにしながら4〜5分煮る。火を止めて、鯖の骨を取り除く。
6　フードプロセッサーに煮汁ごと移し、なめらかになるまで撹拌する（d・e）。味をみて塩、粗びき黒こしょうで味を調える。
7　粗熱が取れるまでおき、バターを加えてさらに撹拌する（f）。
8　デイルは葉先を摘む。
9　パンは2枚1組にし、片面にリエットをたっぷりとぬる（g）。1枚にはディルをのせ（h）、もう1枚でサンドする。軽く手で押さえて落ち着かせ、切り分ける。器に盛り、ピンクペッパーを散らす。

51

かにサラダサンドイッチ ▶ A
小鯛の笹漬けサンドイッチ ▶ B
〆鯖サンドイッチ ▶ C

作り方 p.54・55

かに缶、小鯛の笹漬け、〆鯖。海産加工品を使った
「酒のアテ」を意識した、おつまみサンドイッチ。
パセリ、みょうが、青じそ、花穂じそなどの薬味、
レモン、すりごま、山椒などの香りものを組み合わせるのがポイント。
私の十八番であるかにサラダも、欠かせないフィリングです。

かにサラダサンドイッチ

材料　3組分
▶かにサラダ
　かに缶　130g
　セロリ　½本
　じゃがいも　1個
　レモンの搾り汁　小さじ½
　塩、白こしょう　各少々
　パセリ（みじん切り）　大さじ1
　マヨネーズ（p.8参照）　大さじ2½
食パン（8枚切り）　6枚
レモンバター（p.8参照）　全量の1.5倍
レモンの皮（ごく細切り）　少々

1　かにサラダを作る。セロリは斜め薄切りにし、ごく細いせん切りにして水にさらし、水気をしっかりときる。じゃがいもは皮をむいてせん切りにし、ザルに広げて熱湯を回しかけ（a）、すぐに流水で洗って水気を絞る。
2　ボウルにセロリ、じゃがいも、汁気をきったかにを入れ（b）、レモンの搾り汁、塩、こしょう、パセリを加えて混ぜる。
3　マヨネーズを加えてざっくりとあえる。
4　パンは2枚1組にし、片面にレモンバターをぬり、1枚にかにサラダをたっぷりとのせ（c）、もう1枚でサンドする。
5　軽く手で押さえてなじませ、耳を切り落として切り分け、器に盛ってレモンの皮を飾る。

小鯛の笹漬けサンドイッチ

材料　2組分
小鯛の笹漬け　4〜6切れ
すぐき漬け　20g
花穂じそ　4本
食パン（12枚切り）　4枚
山椒バター（p.8参照）　30g
ごまマヨネーズ（p.8参照）　大さじ2

1 小鯛の笹漬けは小さければそのまま、大きければ斜め半分に切る。
2 すぐき漬けは刻む。花穂じそは花と葉を摘む。
3 パンはごく軽くトーストして2枚1組にし、片面に山椒バターをぬり、さらにごまマヨネーズを重ねてぬる。
4 1枚に小鯛の笹漬けを並べてのせ、2を散らし（a）、もう1枚でサンドする。軽く手で押さえてなじませ、耳を切り落として切り分け、器に盛る。花穂じそが残っていたら飾る。

〆鯖サンドイッチ

材料　2組分
〆鯖（薄切り、または薄めの削ぎ切り）
　　6〜7枚
みょうが　2〜3本
青じそ　4枚
食パン（12枚切り・ライ麦）　4枚
バター（食塩不使用）　30g
ごまマヨネーズ（p.8参照）　大さじ2

1 みょうがは薄い小口切りにし、青じそはごくごく細いせん切りにする。それぞれ冷水に放してシャキッとさせ、水気をきる。
2 パンは軽くトーストして2枚1組にし、片面にバターをぬり、さらにごまマヨネーズをぬる。
3 1枚に〆鯖を並べてのせ、みょうが、青じその順に重ねてのせ（a）、もう1枚でサンドする。軽く手で押さえてなじませ、耳を切り落として切り分ける。

変わりバターサンド3種

からすみバターと焼き海苔サンドイッチ ▶ A
わさびバターとかまぼこ、ブルーチーズサンドイッチ ▶ B | 作り方 p.60
梅バターとおかかサンドイッチ ▶ C

チーズサンド３種

シンプルチーズサンドイッチ ▶ A
干し柿チーズサンドイッチ ▶ B　　作り方　p.61
グリルドチーズトースト ▶ C

サンドイッチは「パンにぬるもの」がとっても大事。
上質のバターを使うのはもちろんですが、バターにプラスαして
オリジナルのバターを作れば、それだけでおいしいカクテルサンドが楽しめます。
取り合わせる食材は、焼き海苔、おかか、かまぼこなどでOK。

からすみバターと焼き海苔サンドイッチ

材料　2組分

▶からすみバター
　からすみ（すりおろす）　15g
　バター（食塩不使用。室温に戻す）　50g
食パン（12枚切り・グラハム）　4枚
焼き海苔　½枚

1　からすみバターを作る。からすみとバターを混ぜ合わせる。
2　海苔は半分に切り、さらに半分に切る。
3　パンは2枚1組にし、片面にからすみバターをぬり、1枚に海苔をのせ（a）、もう1枚でサンドする。
4　軽く手で押さえてなじませ、耳を切り落として切り分ける。

わさびバターとかまぼこ、ブルーチーズサンドイッチ

材料　2組分

▶わさびバター
　生わさび（すりおろす）　小さじ1
　バター（食塩不使用。室温に戻す）　50g
かまぼこ　4切れ
ブルーチーズ（ゴルゴンゾーラや
　ロックフォール）　適量
食パン（12枚切り・ライ麦）　4枚

1　わさびバターを作る。わさびととバターを混ぜ合わせる。
2　パンは2枚1組にし、片面にわさびバターをぬる。1枚にかまぼこを並べておき、ブルーチーズをのせ（a）、もう1枚でサンドする。
3　軽く手で押さえてなじませ、耳を切り落として一口大に切り分ける。

梅バターとおかかサンドイッチ

材料　2組分

▶梅バター
　梅干し　大1個
　バター（食塩不使用。室温に戻す）　30g
削り節　適量
食パン（12枚切り）　4枚

1　梅バターを作る。梅干しは種を取り除いてたたいてペースト状にし、バターを混ぜ合わせる。
2　パンは2枚1組にし、片面に梅バターをぬり、1枚に削り節をたっぷりとのせ（a）、もう1枚でサンドする。
3　軽く手で押さえてなじませ、耳を切り落として一口大に切り分ける。

お酒と合わせるチーズサンドは、シンプルなものがおすすめ。
やわらかい食パン×薄切りチーズ、
ライ麦入りパン×シュレッドチーズ×ドライフルーツ、ハード系のパン×チーズマリネ。
味と食感のバランスを考えてパンの種類を選ぶといいですね。

シンプルチーズサンドイッチ

材料　2組分
ゴーダチーズ（薄切り）　2枚
レッドチェダーチーズ（薄切り）　2枚
食パン（12枚切り）　2枚
食パン（12枚切り・黒）　2枚
辛子マヨネーズ
　（ディジョン。p8参照）　大さじ2

1　パンは同じ色同士で2枚1組にし、片面に辛子マヨネーズをぬる。
2　白いパン1枚にはゴーダチーズ2枚を重ねてのせ、黒いパン1枚にはレッドチェダーチーズ2枚を重ねてのせ、それぞれもう1枚でサンドする。
3　軽く手で押さえてなじませ、耳を切り落として切り分ける。

干し柿チーズサンドイッチ

材料　2枚分
シュレッドチーズ（好みのもの）　適量
干し柿　小2個
山型食パン（8枚切り・ライ麦）　2枚
バター（食塩不使用）　適量

1　干し柿はヘタの部分を取り、薄切りにする。
2　パンの片面にバターをぬり、シュレッドチーズを全体にのせ、干し柿を並べる。
3　オーブントースターで、チーズが溶けて干し柿に焼き色がつくまで焼く。熱いうちに縦半分に切り分ける。

グリルドチーズトースト

材料　2枚分
▶チーズのオイルマリネ（作りやすい分量）
　ブリーまたは
　　カマンベールチーズ　100g
　ウォッシュタイプのチーズ
　　（好みのもの）　120g
　シェーブルチーズ　120g
　にんにく（みじん切り）　1片分
　タイムまたはローズマリー　2枝
　オリーブオイル　適量
パン・ド・カンパーニュ
　1.5～2cm厚さ2枚
粗びき黒こしょう　適量

1　チーズのオイルマリネを作る。チーズはちぎる。タイムまたはローズマリーは適当な長さに切る。
2　保存瓶に1、にんにく、オリーブオイルを入れ、落としラップをして冷蔵庫で2～3日マリネする。
3　パンを半分に切り、2を適量のせ（a）、オーブントースターでチーズがこんがりするまで焼く。粗びき黒こしょうをふる。

フルーツサンド3種

メロンのサンドイッチ ▶A
白桃のサンドイッチ ▶B
いちじくのサンドイッチ ▶C

作り方　p.64・65

フルーツサンドには、やわらかいフルーツとのバランスを考えて
口当たりのいい食パンを使うのが基本。
ここでは、やわらかくて軽い酸味のフレッシュチーズと取り合わせて
カクテルサンドにもティーサンドにも向くレシピを紹介。
切り口の美しさも大事だから、包丁はよく研いで使います。

メロンのサンドイッチ

材料　2組分
メロン　小さめ1/8個くらい
マスカルポーネチーズ　250g
マデイラ酒　小さじ2
食パン（8枚切り）　4枚

1 メロンは皮と種を取り除き、5㎜厚さに切り、ペーパータオルで水気をしっかりと拭き取る。
2 マスカルポーネチーズはマデイラ酒を加えてやわらかく練る。
3 パンは2枚1組にし、片面に**2**を厚めにぬり（a）、1枚にメロンを少しずらしながら並べ、上からもたっぷりと**2**をのせて（b）、メロンが隠れるまで均一にのばす。もう1枚でサンドする。
4 手でしっかりと押さえてラップで包み、冷蔵庫で30分ほど寝かせる。
5 耳を切り落として一口大に切り分ける。

白桃のサンドイッチ

材料　1組分
白桃　小さめ½個
モッツァレラチーズ　小1個
塩　少々
食パン（8枚切り）　2枚

1 白桃は皮をむいて縦半分に割って種を取り除き、薄切りにする。モッツァレラチーズも薄切りにする（a）。
2 パン2枚にモッツァレラチーズと白桃を交互に並べ、塩をふり、もう1枚でサンドする。
3 手で軽く押さえて落ち着かせ、ラップで包み、冷蔵庫で10分ほど寝かせる。
4 耳を切り落として一口大に切り分ける。

いちじくのサンドイッチ

材料　2組分
いちじく　3〜4個
リコッタチーズ　100g
はちみつ　大さじ2
オリーブオイル　適量
生ハム　40g枚
食パン（8枚切り）　4枚
粗びき黒こしょう　少々

1 いちじくは皮をむき（a）、薄い輪切りにする。
2 リコッタチーズははちみつを加えて混ぜる。
3 パンは2枚1組にしてトーストし、片面に2をぬる（b）。
4 1枚にいちじくを並べてオリーブオイルを回しかけ（c）、生ハムをのせ、もう1枚でサンドする。
5 手で押さえて軽くなじませ、耳を切り落として切り分ける。器に盛って粗びき黒こしょうをふる。好みで結晶塩少々（分量外）をふる。

卵サンド4種

オムレツサンドイッチ ▶ A
タルタル卵サンドイッチ ▶ B

作り方 p.70

ゆで卵のソースマリネサンドイッチ ▶A　作り方 p.71
こわし卵のサンドイッチ ▶B

> 卵サンドを作るのは難しいことではないけれど、
> 「おいしい卵サンド」にするには、ちょっとしたコツがあります。
> ふわふわのオムレツやタルタル卵はやわらかめの食パンを合わせて
> やさしい口当たりに。カリッと焼いた目玉焼きやソースマリネ卵は
> トーストした食パンや黒パンを合わせて少し重さを出します。

オムレツサンドイッチ

材料　2組分

▶オムレツ
　卵　3個
　塩　1つまみ
　バター（食塩不使用）　15g
食パン（8枚切り）　4枚
マヨネーズ　大さじ2
コルニション　適量

1　パンは2枚1組にして片面にマヨネーズをぬっておく。
2　オムレツを作る。ボウルに卵を入れて溶きほぐし、塩を加えて混ぜる。
3　フライパンにバターを入れて熱し、2を加えて強火で一気に混ぜ、やわらかい半熟になったらひとまとめにし（a）、すぐに火からおろし、2等分にしてパン2枚にそれぞれのせる。
4　残りのパンでサンドして手で軽く押さえ、耳を切り落として切り分ける。コルニションを添える。

タルタル卵サンドイッチ

材料　4組分

▶タルタル卵
　ゆで卵（かたゆで）　4個
　ピクルス（みじん切り）　40g
　マヨネーズ（P.8参照）　大さじ6
　リーペリンソース　小さじ½
　塩、白こしょう　各少々
食パン（12枚切り）　4枚
食パン（12枚切り・黒）　4枚
辛子バター（p.8参照）　適量

1　タルタル卵を作る。ゆで卵は白身と黄身に分け、白身は細かいみじん切りにし（a）、ペーパータオルで包んでゆっくりと絞り、余分な水分を抜く（b）。ピクルスも水気を軽く絞る。
2　黄身をボウルに入れてスプーンの背でつぶして細かくし、1の白身とピクルス、マヨネーズ、リーペリンソース、塩、こしょうを加えて混ぜる。
3　パンは違う色で2枚1組にし、片面に辛子バターをぬる。1枚に2をのせ、もう1枚でサンドする。
4　手で押さえてなじませ、ラップで包んで冷蔵庫で10分ほど寝かせる。耳を切り落として一口大に切り分ける。

ゆで卵のソースマリネサンドイッチ

材料　2組分

▶ゆで卵のソースマリネ（作りやすい分量）
- ゆで卵　6～7個
- リーペリンソース　ひたひた
- しょうゆ　少々
- 紹興酒　少々
- 八角（割る）　1個
- シナモンスティック（割る）　1本

食パン（10枚切り・黒）　4枚
辛子バター（p.8参照）　適量

1. ゆで卵のソースマリネを作る。保存容器にゆで卵を入れ、リーペリンソースをひたひたに加え、しょうゆ、紹興酒、八角、シナモンスティックを入れて混ぜる（a）。冷蔵庫で一晩おく。
2. **1**の卵2個を取り出して汁気を拭き、0.5mm～1cm厚さの輪切りにする。
3. パンは2枚1組にし、辛子バターをぬる。1枚に**2**を1個分ずつのせ（b）、もう1枚でサンドする。
4. 手で軽く押さえ、ラップで包んで冷蔵庫で10分ほど寝かせる。耳を切り落として一口大に切り分ける。

こわし卵のサンドイッチ

材料　2組分
- 卵　4個
- ベーコン　4枚
- オリーブオイル　少々
- 食パン（8枚切り）　4枚
- バター（食塩不使用）　適量
- マヨネーズ（P.8参照）　適量
- トマトケチャップ　適量

1. ベーコンはフライパンでカリッとするまで焼き、ペーパータオルの上に取り出して油をきる。
2. フライパンにオリーブオイルを熱して卵1個を割り入れ、卵白に火が通ったらヘラなどで卵黄をこわしてざっと広げる（a）。ひっくり返し、裏面も焼く。同様にしてあと3個焼く。
3. パンはトーストして2枚1組にし、片面にバターを薄くぬる。1枚にマヨネーズ、トマトケチャップを重ねてぬり、卵焼きを2枚のせ、ベーコンを半分に切って2枚分のせる（b）。もう1枚でサンドする。
4. 楊枝を刺して切り分ける。

ポテトサンド4種

マッシュポテトのオープンサンドイッチ ▶ A
シンプルポテトサラダのサンドイッチ ▶ B

作り方　p.76・77

じゃがいもガレットのサンドイッチ ▶A
薄切りポテトのサンドイッチ ▶B

作り方 p.78・79

蒸したポテトのホクホク感、焼いたポテトのカリカリ感、
ゆでてマッシュしたポテトのなめらかさ……。
じゃがいもは調理法によっていろいろなおいしさが楽しめるのが魅力。
シンプルでちょっと贅沢、お酒に合ってとびきりおいしい、
SANDWICH BAR ならではのポテトサラダを4種紹介します。

マッシュポテトのオーブンサンドイッチ

材料　2枚分

▶マッシュポテト（作りやすい分量）
　じゃがいも（メークイン）　3個
　牛乳　80mℓ
　ジュニパーベリー　3g
　バター（食塩不使用）　10g
　生クリーム　大さじ2
　塩　小さじ2/3
山型食パン（8枚切り）　2枚
粗びき黒こしょう　少々

1　マッシュポテトを作る。鍋に牛乳、ジュニパーベリーを入れて中火にかけ、沸騰したら火を止め、そのまま30分ほどおき、牛乳にジュニパーベリーの香りを移す（a）。いったん漉す。
2　じゃがいもは洗って皮つきのまま水からゆで、竹串がスーッと通るくらいになったらザルに上げ、皮をむいて熱いうちに裏漉しする（b）。
3　2を鍋に戻して火にかけ、1を少しずつ加えて混ぜ、バターを加えてなめらかになるまで混ぜる。塩で味を調え、生クリームを加えて混ぜる。
4　パンはトーストして半分に切り、3のマッシュポテトをたっぷりとのせ、1のジュニパーベリーがあればのせ、粗びき黒こしょうをふる。

シンプルポテトサラダのサンドイッチ

材料　2組分
▶ シンプルポテトサラダ
　じゃがいも（男爵）　2個
　酢　少々
　玉ねぎ　1/6個
　塩　少々
　マヨネーズ(p.8参照)　大さじ4
　パセリ（みじん切り）　適量
食パン（12枚切り・
　キャラウェイシード入り黒）　4枚
辛子バター(p.8参照)　適量

1 シンプルにポテトサラダを作る。じゃがいもは洗って皮つきのまま蒸し、竹串がスーッと通るくらいになったら取り出し、熱いうちに皮をむく。ボウルに入れてつぶし、酢を加えて混ぜ（a）、下味をつける。
2 玉ねぎはみじん切りにして軽く塩（分量外）をして手でもみ（b）、水にさらし、水気が出たら手でギュッと絞る。じゃがいもに加えて混ぜ、塩をふって少しおき、粗熱を取る。
3 マヨネーズを加えてあえ、パセリを加えて混ぜる（c）。
4 パンは2枚1組にし、片面に辛子バターをぬる。1枚に **3** をたっぷりとのせてならし（d）、もう1枚でサンドする。
5 手で軽く押さえてなじませ、ラップで包んで冷蔵庫で10分ほど寝かせる。耳を切り落として一口大に切り分ける。

じゃがいもガレットのサンドイッチ

材料　2組分
▶ガレット
　じゃがいも（メークイン）　3～4個
　塩、白こしょう　各少々
　バター（食塩不使用）　50g
　にんにく（すりおろす）　½片
　小麦粉　大さじ1
山型食パン（8枚切り・ライ麦）　4枚
辛子バター（ディジョン。p.18参照）　適量
パセリ（みじん切り）　少々

1　ガレットを作る。じゃがいもは皮をむいて細切りにする（a）。水にさらさないでボウルに入れ、塩、こしょうをふってざっと混ぜる。しばらくおいて水気が出たら、手でギュッと絞る（b）。
2　バターは耐熱ボウルなどに入れ、湯せんにかけて溶かす。
3　**2**の溶かしバター小さじ1、にんにく、小麦粉を**1**に加えて混ぜる。
4　小さめのフライパンに残りの溶かしバターとじゃがいもを入れて弱火にかけ、ゴムベラで軽く押さえながら焼く（c）。うっすらと焼き色がついたらひっくり返し、同様にして焼く。押さえながら焼いてひっくり返す作業を数回繰り返し、しっかりと表面に焼き色がついてカリッとするまで焼く。
5　**4**のガレットを十字に切り分けて4等分にする。
6　パンはトーストして2枚1組にし、片面に辛子バターをぬる。1枚にガレットを2切れのせ、パセリをふり（d）、もう1枚でサンドする。楊枝を刺して切り分ける。

薄切りポテトのサンドイッチ

材料　2組分
じゃがいも（メークイン）　2個
オリーブオイル　大さじ2〜3
にんにく（すりおろす）　少々
塩　小さじ1/3
食パン（12枚切り・
　キャラウェイシード入り黒）　4枚
サワークリーム　120g

1　じゃがいもは皮をむいて2〜3mm厚さの輪切りにする（a）。
2　フライパンにオリーブオイルを熱してじゃがいもを入れ、じゃがいもに火が通って色づくまで炒め、にんにく、塩を加えてさらに炒める（b）。
3　パンは2枚1組にし、片面にサワークリームをたっぷりとぬる。1枚にじゃがいもを少しずらしながら並べ（c）、もう1枚でサンドする。
4　手で軽く押さえてなじませ、ラップで包んで冷蔵庫で10分ほど寝かせる。耳を切り落として切り分ける。

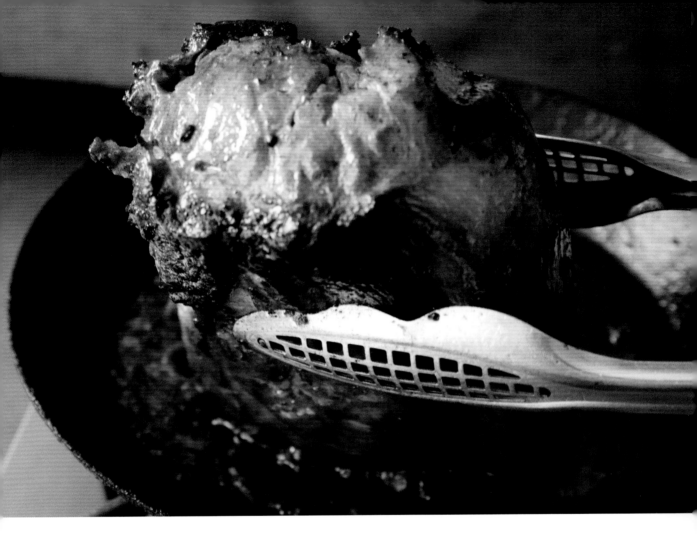

PART

2

ボリュームサンドイッチ

お気に入りのお酒を飲みながら極上の料理を味わいたい。そんなときに作りたいのが、ボリューム感のあるサンドイッチ。ホテルのクラシックバーに想いを馳せながら、ステーキやカツレツ、クロックムッシュなどもラインナップ。ウイスキーやワインがすすむメリハリのある味、場合によってはやや濃いめの味つけ、パンチのあるソース、そして、トーストしたパンの香りがお酒によく合います。

ビーフステーキサンドイッチ | 作り方 p.84

ステーキサンドには、赤身でやわらかく、かむほどにうまみが広がる
ランプ肉がおすすめ。フライパンでこんがりと焼き、
赤ワイン、バター、しょうゆのソースをしっかりからめるのが
おいしさのポイントです。さらにベアルネーズソースとともにサンドすると最高!
カリッと揚げたポムフリットを添えるのが定番です。

ビーフステーキサンドイッチ

材料　2組分

牛ランプ肉（ステーキ用）　2cm厚さ2枚
▶ベアルネーズソース
　卵黄　1個分
　マスタード（ディジョン）　小さじ1
　マヨネーズ（p.8参照）　大さじ4
　ウスターソース　小さじ½
　レモン果汁　小さじ½
　黒こしょう　少々
サラダ油　大さじ1
バター（食塩不使用）　適量
塩、黒こしょう　各適量
赤ワイン　80㎖
水　60㎖
しょうゆ　大さじ½
食パン（6枚切り）　4枚
辛子バター（p.8参照）　適量
コルニション　適量
ポムフリット　適量

1　牛肉は室温に戻しておく。

2　ベアルネーズソースを作る。ボウルに卵黄、マスタード、マヨネーズ、ウスターソース、レモン果汁、こしょうを入れ（a）、泡立て器でよく混ぜる（b）。

3　パンは耳を切り落として軽くトーストする。

4　フライパンにサラダ油とバター15gを強火で熱し、牛肉を入れて焼き、塩とこしょうをし、しっかり焼きめがついたら裏返す。フライパンを傾けて油をかけながら全面を焼き（c）、指で押して弾力をしっかり感じるようになったら火を止めて取り出す。

5　4のフライパンに赤ワインと水を入れ、強火にかけてアルコール分を飛ばし、しょうゆを加えて煮立てる。小さく切ったバター50gを加え、フライパンをゆすりながらとろみをつけ、牛肉を戻し入れて味をからめ（d）、取り出す。

6　パンを2枚1組にし、片面に辛子バターをぬる。1枚にステーキをのせ、ベアルネーズソースをかけ（e）、もう1枚でサンドする。軽く手で押さえてなじませ、切り分ける。

7　器に盛り、コルニション、ポムフリットを添える。

＊ポムフリットの作り方 (作りやすい分量)

1 じゃがいも (メークイン) 4〜5個は洗って皮つきのままゆでるか蒸す。そのまま冷蔵庫で一晩ほどおく (a)。一晩おくと糖度が増してねっとりとし、切り口もきれいになる。
2 皮つきのままくし形に切る。
3 揚げ鍋に揚げ油適量 (米油とラードが2:1の割合) を入れ (b)、180℃くらいの高温に熱し、じゃがいもを入れる。
4 表面が少しかたくなってきたら、ときどき混ぜながら揚げる。泡が少なくなり、全体にこんがりと色づいてカリッとなったら、最後は火を強めて仕上げる。網に取って粗塩適量をふる。

85

ポークカツレツサンドイッチ | 作り方　p.88

豚ロース肉をしっかりたたいて薄くのばし、
細かいパン粉をたっぷりつけてカリッと揚げた薄切りカツレツが主役。
揚げ油にはラードを入れると油切れがよく、うまみも倍増。
レタスの玉ねぎドレッシングあえ、セージバターとともにパンにはさんで完成。
カツレツが温かいうちにレモンをキュッと搾っておくのがおすすめ。

ポークカツレツサンドイッチ

材料　2組分

豚ロース肉（とんかつ用）　2枚
塩　小さじ²⁄₃くらい
白こしょう　適量
小麦粉、溶き卵　各適量
パン粉　適量
揚げ油（米油1:ラード1の割合）　適量
▶レタスの玉ねぎドレッシングあえ
　レタス　4〜5枚
　玉ねぎ　¼個
　マスタード（ディジョン）　大さじ2
　酢　大さじ2
　塩　小さじ1
　砂糖　小さじ¼
　白こしょう　適量
　米油　大さじ3
　オリーブオイル　大さじ3
食パン（8枚切りまたは6枚切り）　4枚
セージバター（p.8参照）　適量
レモン　適量

1　豚肉は筋切りをし、ラップをかぶせてめん棒などで外側に向かってリズミカルにたたき、薄くのばし（a）、塩、こしょうをする。

2　パン粉はフードプロセッサーで撹拌し、細かくサラサラにする（b）。

3　1の豚肉に小麦粉、溶き卵の順につけ、パン粉をたっぷりとまぶしつける。

4　レタスの玉ねぎドレッシングあえを作る。レタスはせん切りにして水にさらし、しっかりと水気をきる。玉ねぎはすりおろす。

5　ボウルにマスタード、酢、塩、砂糖、こしょうを入れて泡立て器で混ぜ、米油、オリーブオイルを加えて乳化するまでよく混ぜ、玉ねぎを加えて混ぜる。

6　ボウルにレタスを入れ、5を加えてあえる（c）。

7　揚げ油を180℃に熱し、3の豚肉を入れてきつね色になるまで揚げる。

8　パンはトーストして2枚1組にし、片面にセージバターをぬる（d）。1枚にレタスの玉ねぎドレッシングあえをのせ、カツレツを半分に切って重ねてのせる（e）。

9　レモンをキュッと搾り、もう1枚でサンドし、軽く手で押さえてなじませ、楊枝を刺して切り分ける。器に盛ってさらにレモンを添える。

89

定番サンド 2 種

ハンバーグサンドイッチ | 作り方 p.94

クラブハウスサンドイッチ | 作り方 p.95

ハンバーグサンドのハンバーグはビーフ100%で作り、
赤ワインベースの手作りソースをからめるのがおいしさのコツ。
クラブハウスサンドは食パン3枚、食感の違うフィリングを組み合わせて
ボリューム満点に仕上げるのが身上。
どちらもパンはトーストし、パンチのある一皿に仕上げます。

ハンバーグサンドイッチ

材料　3組分

▶ ハンバーグのタネ
　牛ひき肉　200g
　玉ねぎ(みじん切り)　½個
　サラダ油　小さじ1
　卵　½個
　生パン粉　½カップ
　牛乳　大さじ1
　塩　小さじ⅓
　白こしょう　少々
サラダ油　大さじ1
赤ワイン　150mℓ
水　100mℓ
ウスターソース　大さじ1
トマトケチャップ　大さじ3
しょうゆ　小さじ½
バター(食塩不使用)　70g
塩　少々
きゅうりのピクルス(縦薄切り)　大3本
食パン(8枚切り)　6枚
辛子バター(p.8参照)　30g
マヨネーズ(p.8参照)　大さじ2

1 ハンバーグのタネを作る。玉ねぎはサラダ油で炒めて冷ます。ボウルにハンバーグのタネの材料を入れ、手で粘りが出るまでよく練り混ぜる。3等分して丸め、空気を抜きながら平たいハンバーグ形に整える(a)。
2 フライパンにサラダ油を熱し、ハンバーグの両面を強火でこんがりと焼く。ふたをして弱火にし、中までじっくりと火を通し、取り出す。
3 2の肉汁の残ったフライパンに赤ワインを加えて煮立て、水、ウスターソース、トマトケチャップ、しょうゆを加えて煮詰める。バター、塩を加え(b)、味を調える。
4 3にハンバーグを戻し入れ、ソースをからめる。
5 パンは耳を切り落としてトーストし、2枚1組にする。片面に辛子バター、マヨネーズの順にぬる。ピクルスをのせ、ハンバーグをおき、残ったソースをかける(c)。もう1枚でサンドして手で押さえてなじませ、楊枝を刺して切り分ける。

クラブハウスサンドイッチ

材料　2組分
ベーコン（厚切り）　2枚
鶏もも肉　1枚
塩、白こしょう　各少々
オリーブオイル　適量
卵　2個
トマト（5mm厚さの薄切り）　1個
きゅうり（斜め薄切り）　1本
グリーンカールまたはレタス　2〜3枚
食パン（12枚切り）　6枚
辛子バター（p.8参照）　適量
マヨネーズ（p.8参照）　適量
トマトケチャップ　適量
ポテトチップス、
　きゅうりのピクルス　各適量

1. フライパンを中火で熱してベーコンを入れ、両面こんがりと焼き、取り出す。続いて、フライパンにオリーブオイル少々を足し、鶏肉に塩、こしょうをふって皮目を下にして入れ、皮がカリッとするまで焼く。裏返して弱火にしてふたをし、中まで火を通す。取り出して、そぎ切りにする（a）。
2. フライパンをきれいにしてオリーブオイル少々を足し、卵を割り落とし、黄身をつぶして両面焼きの目玉焼きにする。
3. パンは軽くトーストして3枚1組にし、片面に辛子バターをぬる。
4. パン1枚にグリーンカール、ベーコン、目玉焼きの順にのせ、2枚目のパンの何もぬっていない面にマヨネーズをぬり、マヨネーズ面を下にして重ねる（b）。
5. 上になった辛子バター面にトマトケチャップをぬり、きゅうり、鶏肉、トマトの順に重ねる。3枚目のパンの辛子バター面にマヨネーズとトマトケチャップをぬり（c）、重ねる。
6. 手でしっかりと押さえてなじませ、楊枝を刺して切り分ける。器に盛り、ポテトチップス、ピクルスを添える。

ローストポークのサンドイッチ | 作り方 p.98

以前ニューヨークで食べたキューバサンドイッチからヒントを得た、
ローストポークと紫キャベツのサンドイッチ。
豚肉の下味にオレンジジュースを用いたり、パンにマーマレードを
ぬったり、スパイシーなキューバ風ソースを隠し味に使ったり。
フルーツの香りと甘さを感じる、ライトな食べ心地が魅力です。

ローストポークのサンドイッチ

材料　2組分

▶ローストポーク（作りやすい分量）
豚肩ロース肉（かたまり）　800g
　▶マリナード
　塩　小さじ1
　にんにく（すりおろす）　1片
　オリーブオイル　大さじ3
　オレンジジュース　大さじ3
　オリーブオイル　大さじ1
▶紫キャベツのマリネ
　紫キャベツ　½個
　赤ワインビネガー　大さじ1½
　塩　小さじ⅔
　オリーブオイル　大さじ1
▶キューバ風ソース
　にんにく（すりおろす）　1片
　オリーブオイル　大さじ2
　ライムの搾り汁　大さじ1
　酢　小さじ2
　パプリカパウダー　小さじ1
　クミンパウダー　小さじ1
　ハラペーニョの酢漬け（刻む）　小さじ2
　塩　小さじ⅔
きゅうりのピクルス　2〜3本
山型食パン（8枚切り）　4枚
バター（食塩不使用）　30g
オレンジマーマレード　大さじ1
オレンジ（あれば）　適量

1　豚肉は塩とにんにくをすり込み、保存袋に入れ、オリーブオイルとオレンジジュースを加えて手でもみ込む。冷蔵庫で一晩マリネする（a）。

2　紫キャベツのマリネを作る。紫キャベツは細切りにして熱湯でさっとゆで、水気を絞る。ボウルに入れ、まだ温かいうちに赤ワインビネガー、塩を加えてよくあえ、オリーブオイルを加えて混ぜる（b）。そのままおいて味をなじませる。

3　ローストポークを作る。フライパンにオリーブオイルを熱し、1の汁気を軽くきって入れ、強めの中火で全体をしっかりと焼きつける。1の残ったマリナードも加えて煮詰め、豚肉にからめる（c・d）。

4　豚肉を天板にのせ、190℃のオーブンで40分ほど焼き、オーブンを切ってさらに30分ほど余熱で火を通す。落ち着いたら薄切りにする。6枚ほど用意。

5　キューバ風ソースの材料は混ぜ合わせる（e）。ピクルスは縦薄切りにする。

6　パンはトーストして2枚1組にし、片面にバターをぬり、1枚にマーマレードを重ねてぬる。ピクルスをのせ、ローストポークを3枚重ねてのせ、紫キャベツのマリネをのせ（f）、もう1枚でサンドする。

7　軽く手で押さえて落ち着かせ、楊枝を刺して切り分け、器に盛ってオレンジを添える。

99

パテ・ド・カンパーニュのサンドイッチ | 作り方 p.102

パテ・ド・カンパーニュは肉感があって味わい深く、それでいて
口当たりがいいのが魅力。ここでは、ちょっと贅沢に厚切りにして
丸パンでサンドします。パンにはバターとディジョンマスタードをぬり、
コルニションを忍ばせるのがポイント。クレソンなどの葉野菜を添え、
つまみながら食べたり、サンドイッチにはさんでも。

パテ・ド・カンパーニュのサンドイッチ

材料　2組分

▶パテ・ド・カンパーニュ
　　（14×9×高さ7cmのテリーヌ型1台分）
豚ひき肉　300g
鶏レバー　300g
　▶レバーの下味
　│　ポルト酒　大さじ1
　│　コニャック　大さじ1
バゲット　5cm（35g）
赤ワイン　½カップ
にんにく（みじん切り）　2片
玉ねぎ（薄切り）　1個
バター（食塩不使用）　30g
卵　1個
塩　10g
白こしょう　2g
キャトルエピス　1g
オールスパイスパウダー　1g
コニャック　大さじ1
ベーコン（薄切り）　7〜8枚
セージ、タイム　各適量
丸パン　2個
バター（食塩不使用）　適量
マスタード（ディジョン）　適量
コルニション（縦半割り）　3本
▶クレソンサラダ
　クレソン　2束
　オリーブオイル　大さじ1½
　赤ワインビネガー　小さじ1
　塩　適量

1 パテ・ド・カンパーニュを作る。レバーはポルト酒、コニャックでマリネし、1時間ほどおく。バゲットは1cm厚さの輪切りにし、赤ワインに浸す。

2 鍋にバターを熱して玉ねぎ、にんにくを入れ、弱火でしっとりと茶色くなるまで炒める（a）。

3 **1**のレバーの汁気をしっかりときってフードプロセッサーに入れ、汁気をしっかり絞ったバゲットを加え（b）、撹拌してピュレ状にする。**2**を加え（c）、さらに撹拌する。

4 ボウルに移し、豚ひき肉、卵、塩、こしょう、スパイス、コニャックを加え（d）、ゴムベラでよく混ぜる。

5 ベーコンを半分の長さに切ってテリーヌ型の底面と側面に敷き詰め、**4**を入れる。スプーンなどで空気を抜きながら少しずつ詰め（e）、上面もベーコンで覆い（f）、セージやタイムをおく。

6 上面と側面をアルミホイルで覆い、バットにのせて湯煎にし（g）、170℃のオーブンで40〜50分蒸し焼きにする。40分ほど経った段階で一度様子をみる。金串を刺して唇に当て、温かさを感じれば焼き上がり。

7 別のバットにのせてまわりに氷をおき、型の内側に合わせたシート（発泡スチロールやダンボールなどにアルミホイルを巻く）をのせ、まな板をのせて重石をし（h）、30分おく。氷と重石を除いて一晩冷蔵庫で寝かせる。

8 型から取り出して厚切りにする。

9 パンは横半分に切り、断面を上にして軽くトーストし、下になるパンにバターとマスタードをぬり、上になるパンにはバターをぬる。

10 下になるパンの上に**8**をおいてコルニションをのせ（i）、上になるパンでサンドする。

11 クレソンサラダを作る。クレソンは葉先を摘み、茎は小口切りにする。ボウルに入れ、オリーブオイル、赤ワインビネガー、塩を加えてあえる。**10**に添える。

103

えびフライサンドイッチ | 作り方 p.106

えびフライは通常タルタルソースと組み合わせることが多いですが、
お酒に合わせるなら、カクテルソースもおすすめ。
自家製のスパイシーなカクテルソースなら、えびの味を盛り立て、
お酒と相性のいいサンドイッチに仕立てることができます。
片手でも食べられるよう、あえて小さめのパンで作ります。

えびフライサンドイッチ

材料　3個分

えび（大正えび、ブラックタイガーなど。
　　無頭・殻つき）　9尾
塩、白こしょう　各少々
レモンの搾り汁　少々
小麦粉、溶き卵、生パン粉　各適量
揚げ油（米油2：ラード1の割合）　適量
▶カクテルソース
　マヨネーズ（p.8参照）　大さじ4
　トマトチャップ　大さじ1
　リーペリンソース　小さじ½～⅔
　ブランデー、タバスコ　各少々
　塩、白こしょう　各少々
サラダ菜　3枚
ロールパン　3個
辛子バター（p.8参照）　適量

1　えびは殻と背ワタを取り、尾も取り除く（a）。バットに並べ、塩、こしょうをふり、レモンの搾り汁をふりかける。全体に小麦粉をまぶし、余分な粉ははたき落とす（b）。

2　溶き卵にくぐらせ（c）、生パン粉をたっぷりとつけ（d）、手で押さえる。

3　カクテルソースを作る。塩、こしょう以外の材料をボウルに入れ、泡立て器で混ぜ合わせ（e）、塩、こしょうで味を調える。

4　揚げ油を180℃に熱し（f）、2を入れ、こんがりと色づくまで揚げ（g）、網に取って油をきる。

5　ロールパンに切り目を入れて辛子バターを内側にぬり、サラダ菜を敷いて揚げたてのえびフライをサンドする。カクテルソースをたっぷりめにかける。

かきのブルゴーニュバタートースト | 作り方　p.112

マッシュルームピザトースト 作り方 p.113

うまみの強いかきに組み合わせるのは、カリッと焼いた薄切りバゲット、
にんにくを効かせたマッシュルーム入りブルゴーニュバター。
作ってすぐに、カリカリバゲットにのせてテーブルへ。

かきのブルゴーニュバタートースト

材料　作りやすい分量
かき　12個くらい
オリーブオイル　大さじ1
▶ブルゴーニュバター
　バター（食塩不使用）　60g
　にんにく（みじん切り）　½片
　エシャロット（みじん切り）　⅛個
　マッシュルーム（みじん切り）　1個
　白ワイン　少々
　パセリ（みじん切り）　大さじ2
　松の実（みじん切り）　小さじ2
　レモンの搾り汁　小さじ½
　塩　小さじ½
バゲット　適量
レモン　適量

1 かきはザルに入れてよく水洗いし、ペーパータオルなどで水気を拭く。
2 ブルゴーニュバターを作る。ボウルにバター50gを入れて室温でやわらかくする。
3 フライパンにバター10gを熱してにんにく、エシャロット、マッシュルームを炒め、白ワインを加えてアルコール分を飛ばす。火を止めて粗熱を取り、**2**のボウルに加え、パセリ、松の実、レモンの搾り汁、塩を加えて混ぜる（a）。
4 バゲットは1cm厚さに切り、カリッとトーストする。
5 フライパンにオリーブオイルを強火で熱し、かきを入れて両面焼き色をつけながら火を通す（b）。
6 ブルゴーニュバターを加えてさっとからめ（c）、バゲットにのせる。器に盛り、レモンを添える。

山盛りのマッシュルームと2種類のチーズで作る、
ボリューム満点のピザトーストです。パンは厚めのものを用い、
にんにく風味の辛子マヨネーズをたっぷりぬるのがポイントです。

マッシュルームピザトースト

材料 2枚分

マッシュルーム 1パック
グリュイエールチーズ（ブロック） 適量
パルメジャーノチーズ（ブロック） 適量
▶にんにく辛子マヨネーズ
　マスタード（ディジョン） 小さじ2
　マヨネーズ（p.8参照） 大さじ3
　にんにく（すりおろす） 少々
オリーブオイル 少々
山型食パン（6枚切り） 2枚
バター（食塩不使用） 適量
粗びき黒こしょう 適量

1 にんにく辛子マヨネーズの材料は混ぜる（a）。
2 グリュイエールチーズは薄く削り、パルメジャーノチーズはすりおろす。
3 マッシュルームは石づきを取り、2㎜厚さの薄切りにする。
4 パンにバターをぬり、にんにく辛子マヨネーズをたっぷりとぬり、マッシュルームを山盛りのせる（b）。
5 軽くオリーブオイルを回しかけ、グリュイエールチーズ、パルメジャーノチーズの順にたっぷりとのせる（c）。
6 オーブントースターでこんがりと焼き、器に盛って粗びき黒こしょうをふる。

かにグラタントースト 作り方 p.116

かにのうまみたっぷりのグラタンソースをパンの上に惜しげもなくのせ、
2種類のチーズをかけてオーブンで焼き上げます。
おいしさの要は当然ながら手作りのグラタンソース。
マッシュルームや長ねぎを炒めて甘みと香りを出し、かにを加えて
白ワインでうまみを出し、ベシャメルソースと混ぜ合わせます。

かにグラタントースト

材料　4個分

▶ベシャメルソース
　牛乳　600㎖
　ローリエ　3枚
　ナツメグ　少々
　レモンの皮　½個分
　バター（食塩不使用）　60g
　小麦粉（ふるう）　60g
　塩　少々
かに缶　1缶（約100g）
マッシュルーム　4個
長ねぎ　1本
オリーブオイル　少々
白ワイン　大さじ2
レモンの搾り汁　小さじ1
塩、白こしょう　各少々
ゆで卵（薄い輪切り）　2個
グリュイエールチーズ（薄く削る）　適量
パルミジャーノチーズ（ブロック）　適量
食パン（10枚切り・ライ麦）　2枚
マスタード（ディジョン）　適量
パン粉、バター（食塩不使用）　各少々
パセリ（みじん切り）　少々

1 ベシャメルソースを作る。鍋に牛乳、ローリエ、ナツメグ、レモンの皮を入れて中火にかけ、沸騰直前まで温めたら火を止めてふたをし、30分以上蒸らして香りを移す（a）。漉しておく。

2 別の鍋にバターを熱して小麦粉を入れ、サラッとするまでよく炒め、1の牛乳を少しずつ加え（b）、その都度ダマにならないように混ぜる。はじめはゆっくり混ぜ、なじんでからグルグル混ぜてなめらかにする。加えては混ぜ、加えては混ぜを繰り返す（c）。

3 木ベラですくって落としたとき、少しもったりするくらいに火を通し（d）、塩で味を調える。

4 マッシュルームは石づきを取って薄切りにする。長ねぎは小口切りにする。

5 フライパンにオリーブオイルを熱して長ねぎを炒め、しんなりしたらマッシュルームを加えてさらに炒め、かにを缶汁ごと加えて炒め合わせる（e）。白ワインをふって強火でアルコール分を飛ばし、レモンの搾り汁、塩、こしょうをふる。

6 5を煮汁ごと3のベシャメルソースに加え（f）、混ぜ合わせる。

7 パンは半分に切ってマスタードをぬり、6のグラタンソースをたっぷりとのせ（g）、グリュイエールチーズをのせ、ゆで卵をのせる（h）。

8 パルミジャーノチーズをおろしかけ、パン粉をふり、ところどころにバターをちぎってのせる（i）。200℃のオーブンでこんがりするまで焼く。仕上げにパセリをふる。

小さいクロックムッシュ | 作り方 p.120

クロックムッシュは「カリッとした紳士」という意味で、
まわりはカリッ、中はしっとりがおいしい。
SANDWICH BAR なら手でちょっとつまめるサイズがいいので、
パンもフィリングもセルクルで抜いて組み立てます。
ハムは、赤みが多くあっさりして歯ごたえが感じられるボンレスを。

小さいクロックムッシュ

材料　4個分

▶ベシャメルソース
　バター（食塩不使用）　20g
　小麦粉（ふるう）　20g
　牛乳　200㎖
　塩　小さじ¼
　白こしょう　少々
　ナツメグ　少々
グリュイエールチーズ　適量
ボンレスハム　大2枚
食パン（6枚切り、小さめサイズ）　8枚
粗びき黒こしょう　適量

1　ベシャメルソースを作る。鍋にバターを入れて中火にかけ、バターが溶けて泡立ってきたら小麦粉を入れて炒める。牛乳を少しずつ加え、その都度ダマにならないように混ぜる。

2　少しもったりするくらいに火を通し、塩、こしょう、ナツメグで味を調える（a）。

3　グリュイエールチーズは薄く削る。

4　パンは1枚ずつ直径6.5㎝のセルクルで抜く（b）。ハムも同じセルクルで4枚抜く（c）。

5　丸く抜いたパンを2枚1組にし、1枚にベシャメルソースをぬり（d）、ハム、グリュイエールチーズの順にのせる（e）。

6　もう1枚のパンにもベシャメルソースをぬり、**5**のパンに重ね、グリュイエールチーズをたっぷりとのせる（f）。

7　オーブントースターまたは200℃のオーブンでチーズが溶けて焼き色がつくまで焼く。器に盛り、粗びき黒こしょうをふる。

121

コテージパイのクロック | 作り方 p124

下の段にはミートソース、上の段にはマッシュポテト。
コテージパイをアレンジした、ボリューム満点のクロックです。
ミートソースはトマトピューレとリーペリンソース、スパイスで仕上げた
煮込まないタイプ。マッシュポテトは生クリームを入れずにシンプルに。
チェダーチーズをのせてオーブンで焼き上げれば完成です。

コテージパイのクロック

材料　2組分

▶ミートソース (作りやすい分量)
牛ひき肉　200g
玉ねぎ (みじん切り)　1/3個
にんじん (みじん切り)　1/4本
にんにく (みじん切り)　小1片
オリーブオイル　大さじ2
塩　適量
黒こしょう　少々
小麦粉　大さじ1
シナモンパウダー　少々
ナツメグ　少々
タイムの葉 (刻む)　5本
トマトピューレ　大さじ1½
リーペリンソース　小さじ1強
水　50mℓ
▶マッシュポテト
じゃがいも　2個
バター (食塩不使用)　20g
牛乳　40mℓ
塩　小さじ1/3
チェダーチーズ (薄く削る)　50g
食パン (6枚切り)　4枚
ポテトチップス (あれば)　適量

1 ミートソースを作る。鍋にオリーブオイルを熱し、玉ねぎ、にんにくを加えて炒め、玉ねぎがしんなりしたらにんじんを加え、しっとりするまで炒める (a)。

2 ひき肉を加えて色が変わるまで炒め、塩、こしょうをふり、小麦粉、スパイス、タイムを加えてさらに炒める (b)。

3 トマトピューレ、リーペリンソース、水を加え (c)、水分が少なくなるまで10分ほど煮る。

4 マッシュポテトを作る。じゃがいもは洗って皮つきのまま水からゆで、竹串がスーッと通るくらいになったらザルに上げ、皮をむいて熱いうちにマッシャーでつぶす。

5 4を鍋に戻して火にかけ、牛乳を加えて混ぜ (d)、バターを加えてなめらかになるまで混ぜる (e、f)。軽く塩をして薄めの味に調える。

6 パンは2枚1組にし、1枚にミートソースをのせ (g)、もう一枚を重ねてマッシュポテトをたっぷりとぬる (h)。表面を平らにしてチーズをのせ (i)、180℃のオーブンで10〜15分焼く。器に盛り、ポテトチップスを添える。

もうずいぶん前に訪れた、とあるバー。
メニューにたくさんのサンドイッチがあった。革張りの表紙のメニューには、他にもハムや魚介のマリネや、オリーブ、パテなどのおつまみメニューがあったけれど、私は数行並んだサンドイッチのメニューの文字に釘づけになった。バーにあるサンドイッチ。それがいいなと思った。薄いパンで仕立てたサンドイッチは小さくて美しい。なんとも粋な一皿に思えた。カウンターでも、低いテーブルとソファの席でも、カトラリーを使わずにつまめるというのもいい。そこからずっとずっとBARのためのサンドイッチを考えるようになった。
今宵お気に入りのお酒を一杯。それにぴったりのサンドイッチを添えて。
ゆっくりと溶けていく氷を眺めながら、とっておきの時間を過ごしてみよう。

坂田阿希子　Sakata Akiko

フランス料理店やフランス菓子店での経験を重ねたのち、料理研究家として独立し、テレビやラジオ、書籍、雑誌などで活躍。2019年には東京・代官山に「洋食KUCHIBUE」をオープンし、オーナーシェフとして厨房でも腕をふるう。「おいしさ」に対して手を抜かない姿勢にファンも多い。
Instagram　@kuchibue.daikanyama

アートディレクション　昭原修三　　デザイン　植田光子
撮影　ローラン麻奈　　　　　　　　スタイリング　久保原恵理
編集　松原京子
校閲　鷗来堂　　　　　　　　　　　プリンティングディレクター　栗原哲朗（TOPPANクロレ）

サンドイッチ・バー

2025年 3月1日　　第1刷発行

著　者　坂田阿希子
発行者　渡辺能理夫
発行所　東京書籍株式会社
　　　　〒114－8524　東京都北区堀船2－17－1
　　　　電話　03－5390－7531（営業）
　　　　　　　03－5390－7508（編集）
印刷・製本　TOPPANクロレ株式会社

Copyright © 2025 by Akiko Sakata　All Rights Reserved.　Printed in Japan
ISBN978-4-487-81816-7 C2077 NDC596

乱丁・落丁の際はお取り替えさせていただきます。
本書の内容を無断で転載することはかたくお断りいたします。